Hallo, liebe Freunde!

Wir sind die neuen tollen Amigurumi! In den Manga-Comics sind wir die Freunde der Helden, aber nun begleiten wir, wenn ihr möchtet, bald euch! Besorgt euch einfach Wolle in verschiedenen Farben und Pomponschablonen und schon kann es losgehen! Mithilfe einfacher Anleitungen und dem Grundkurs zur Herstellung der Pompons habt ihr uns ganz schnell zum Leben erweckt. Dann können wir schon bald an eurem Rucksack oder eurer Jacke hängen und euch Tag und Nacht beschützen! Natürlich sind die witzigen Figuren aus diesem Buch auch ein wunderbares Geschenk für liebe Freunde, vielleicht als Kuscheltier, Tröster oder Schmuck im Regal!

Viel Spaß wünscht Euch

Werner Schultze

Inhalt

Werkzeug und Material

Für die Anfertigung aller Figuren benötigst du folgende Grundmaterialien:

- *Wolle*
- *Pompon-Set oder Pappschablonen*
- *mittelgroße Schere*
- *spitze Nagelschere*
- *Cutter*
- *lange Stopfnadel*
- *Fädelhilfe*
- *Nähnadel*
- *Zwirn*
- *Seitenschneider*
- *Schmuckzange*
- *Draht, ø ca. 1 mm*
- *feiner Draht, ø 0,25–0,4 mm*
- *Bastelfilz*
- *4 mm-Filz (Textilfilz)*
- *Chenilledraht, Stärke 9 mm*
- *Knöpfe in verschiedenen Größen und Farben*
- *Glastieraugen*
- *Plastiktiernasen*
- *Textilkleber*
- *Stäbchen, Stift o. Ä.*
- *Transparentpapier*
- *Bleistift*
- *festes Papier*
- *Wäscheklammern*

Wolle

Für die Modelle in diesem Buch wurde fast ausschließlich dünne Wolle verwendet.
Du kannst für deine Pomponfiguren auch Mischfaser bzw. Kunstfaser mit Nadelstärke 3 (Poly Acryl) verwenden (siehe Modell S. 21).

Schablonen aus Plastik

Schaffe dir am besten ein sogenanntes Pompon-Set (siehe auch Abb 1, Seite 6) an. Die darin enthaltenen Plastikschablonen ermöglichen dir ein einfaches und schnelles Arbeiten, da du direkt vom Wollknäuel um die Schablonenteile wickelst. Die Durchmesser der Schablonen des in diesem Buch verwendeten Sets betragen 3,3 cm, 4,5 cm, 5,5 und 9 cm.
Mit „halber Schablone" sind in den Anleitungstexten immer die beiden zueinandergehörenden Plastik-Halbkreise gemeint.

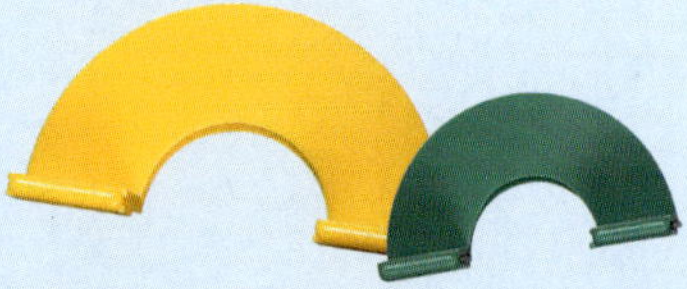

Schablonen aus Pappe

Natürlich kannst du auch mit selbst hergestellten Pappschablonen arbeiten. Hierbei kannst du allerdings nur den Faden durch das Loch ziehen (das Knäuel passt ja nicht durch).
Dazu fädelst du dann einen Wollfaden in händelbarer Länge auf eine Stopfnadel und ziehst den Faden immer wieder durch die Pappringe. So stellst du sie her:

1. Zeichne mit einem Zirkel Ringe auf die feste Pappe und stelle jeweils zwei Ringe her. Folgende Maße entsprechen den hier verwendeten Schablonen: ø 3,3 cm/ø 1,2 cm , ø 4,5 cm/ø 1,9 cm, ø 5,5 cm/ø 2,5 cm, ø 9 cm/ø 4 cm.
2. Schneide die Ringe mit einem Cutter sorgfältig aus.

Tipps und Tricks

Filzteile ausschneiden

1. Übertrage die entsprechenden Motivteile (Ohren, Flossen etc.) mithilfe von Transparentpapier und Bleistift von der Vorlage auf festes Papier und schneide sie aus.

2. Lege die ausgeschnittene Papierschablone auf den Filz und schneide ihn rundherum aus. Hilfreich beim Festhalten der Papierschablone sind dabei kleine Wäscheklammern.

Kleben

Wenn du Arme, Beine oder Ohren in die Pompons kleben möchtest, ziehe den Flor zunächst mit einem Stäbchen, Stift o. Ä. auseinander, klebe das entsprechende Teil in dieses „Loch" und drücke es in den Pompon. Achte dabei immer darauf, dass kein Kleber auf den umliegenden Flor der Pompons gerät!

Pompons miteinander vernähen

1. Fädle Zwirn auf eine lange Stopfnadel.

2. Verknote das Fadenende 2–3-mal.

3. Stich die Nadel durch den ersten Pompon und ziehe den Knoten in den Pompon.

4. Vernähe dann die Pompons miteinander. Achte dabei darauf, keine „Löcher" in den Flor zu ziehen. Stich die Nadel immer genau da wieder ein, wo der Faden herausgekommen ist.

Pomponfiguren stabilisieren

1. Stecke ca. 1 mm starken Draht durch die zu verbindenden Pomponteile.

2. Biege das herauskommende Ende zu einem Haken um, ziehe den Draht zurück und ziehe dabei den Haken in einen der Pompons ein.

3. Schneide das andere Ende mit einem Seitenschneider ab und biege es in den Flor zurück.

Gliedmaßen stabilisieren

Da Beine aus zwei miteinander verdrehten Chenilledrähten nicht standfest genug sind, wickelst du am besten einen 1 mm starken Draht mit in die Chenilledrähte. Den Draht kannst du dann noch ein Stück herausstehen lassen und in den Pompon einstecken.

Mehrfarbige Pompons herstellen

Wickelst du die Schablonen mit verschiedenen Farben (zwei, drei oder mehr Fäden) auf, erhältst du ein meliertes Erscheinungsbild. Du kannst die Schablonenhälften jeweils mit unterschiedlichen Farben bewickeln oder die Schablonenhälften in einzelne Farbfelder aufteilen. So ergibt sich eine Vielzahl an Gestaltungsmöglichkeiten.
Bewickelst du einen Teil der Schablone mit einer ersten Farbe, dann mit einer zweiten, dritten – neben und über die erste Farbe gewickelt – entsteht ein Punkt bzw., im weiteren Aufbau, ein Streifen. Wickelst du zwischen einer Farbe eine zweite auf, entsteht ein Fleck oder Punkt.

Maßangaben

Die Maßangaben „ein Viertel mit Blau", „drei Viertel mit Gelb", „auf halber Fläche", „in halber Dicke" sind Circa-Angaben. Wenn du dickere Wolle verwendest oder lockerer wickelst, kann es passieren, dass die angegebenen Wicklungen nicht mehr auf die Schablone passen. Probiere es im Zweifelsfall einfach aus.

Halbe Pompons herstellen

Für halbe Pompons, zum Beispiel für Füße oder Hände, wickelst du nur eine halbe Schablone mit Wolle voll. Es ist sehr hilfreich, wenn du bei halben Pompons vor dem Aufschneiden der Wolle um diese einen feinen Draht drehst (s. Abb 1 und 2 auf Seite 7 unten).

Pompons herstellen

1

Lege die beiden zueinander gehörenden Schablonenteile jeweils zusammen – die Stege zum Zusammenstecken zeigen dabei jeweils nach außen.

2

Wickle den Wollfaden möglichst gleichmäßig und in festen, dichten Schlingen auf – je nach Größe des gewünschten Ponpons bis etwa auf die Höhe der Stege.

3

Wickle solange, bis die Schablonenhälfte voll ist und mache es mit den beiden anderen Schablonenteilen ebenso. Lege entstehende Fadenenden immer nach außen.

4

Schneide den Faden vom Wollknäuel ab und stecke die beiden Schablonenhälften zusammen. Schneide die Wolle mit der spitzen Nagelschere zwischen den Schablonenteilen rundherum auf.

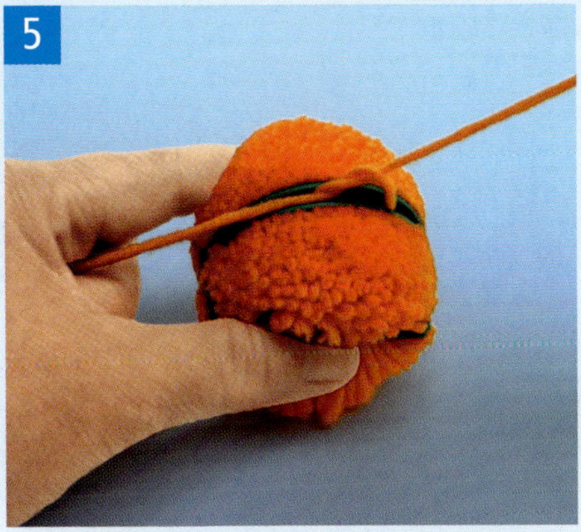

Ziehe einen Abbindfaden aus gleichfarbiger Wolle zwischen den Schablonenspalt und verknote ihn gut, am besten doppelt. Entferne nun vorsichtig die Schablone.

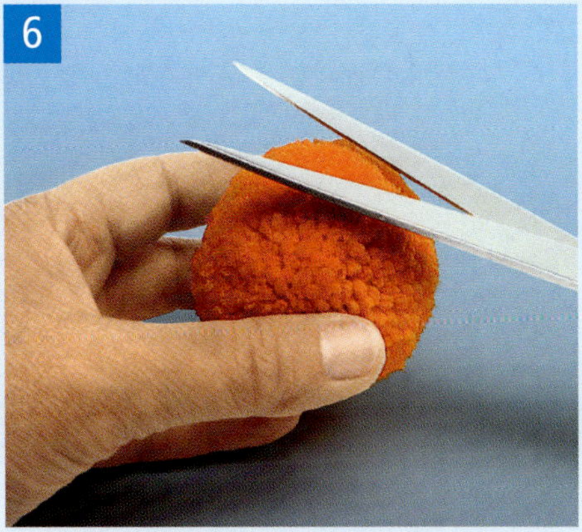

Schneide alle überstehenden Wollfäden ab und schneide den Pompon in eine gleichmäßig kugelige Form. Beschneidest du den Pompon stärker, wird der Flor dichter.

Halbe Pompons herstellen:

Fädele am geraden Teil der Schablone – im Spalt zwischen den Schablonenteilen – einen vorgebogenen feinen Draht (ø 0,25–0,4 mm) um die Wollschlaufen.

Verdrehe die Enden miteinander. Schneide die Wolle nun auf und binde sie nochmals mit einem Wollfaden ab, wie es in Schritt 4 und 5 beschrieben wird.

Im Sportstadion

So geht's:

Beachte bitte die Arbeitsanweisungen und den Grundkurs (siehe S. 4–7).

Basketballer

Kopf
Bewickle eine Hälfte der Schablone in Schwarz und eine in Beige. Schneide das Gesicht etwas stärker zurück.

Körper
Bewickle eine Hälfte der Schablone in Hellgrün. Wickle auf ca. halber Fläche der zweiten Hälfte in ca. halber Dicke zuerst Gelb, dann – links und rechts und über Gelb – Hellgrün auf.

Ball
Stelle einen Pompon in Orange her.

Füße/Hände
Wickle für die Füße jeweils auf halber Schablone ca. ein Viertel in Blau, den Rest in Weiß, für die Hände je zwei halbe Schablonen in Beige auf.

Fertigstellen
Schneide nach der Vorlage aus dem Textilfilz die Sohlen zu, klebe sie unter die Füße und schneide diese oval zu. Nähe Kopf und Körper zusammen. Drehe für Arme und Beine den Chenilledraht jeweils um einen Draht. Schneide für die Beine zwei Stücke von 4 cm, für die Arme 5 cm zu. Klebe die beiden Bastelfilzkreise an die Hände, schneide diese auf die Größe der Handflächen zu. Klebe die Beine in Füße und Körper, die Arme zwischen Kopf und Körper und in die Hände ein. Zeichne Linien auf den Ball. Nähe eine Hand an den Ball und den Ball an den Fuß. Klebe das Stirnband aus Satinband um den Kopf. Nähe als Augen die Knöpfe auf. Fädle für die Haare schwarze Wolle auf eine Stopfnadel und ziehe die Fäden in den schwarzen Teil des Pompons ein.

Cheerleaderin

Kopf
Bewickle die erste Hälfte der Schablone in Grün, die zweite in Rosa.

Körper
Bewickle eine Hälfte der Schablone – mittig auf ca. halber Fläche in Türkis, dann – beidseitig daneben sowie über Türkis – in Weiß, dann nochmals in Türkis. Wickle auf der zweiten Hälfte zuerst Pink mittig auf halber Fläche auf. Wickle dann – beidseitig und über Pink – Türkis auf.

Füße
Wickle auf beide Hälften der Schablonen ca. ein Viertel der Fläche in Rotviolett, den Rest in Himbeer auf. Stelle so zwei halbe Pompons her.

Glitzerpompons
Stelle zwei Pompons aus Glitzergarn her.

Fertigstellen
Bündle einige Wollfäden, klebe sie als Zopf in den Kopf ein. Wickle ein Stück Chenilledraht herum. Nähe Kopf und Körper zusammen. Schneide die gelben Filzkreise mittig ein, stecke die Glasaugenösen durch, knote einen Zwirn an die Öse und nähe die Augen auf. Stabilisiere die Beine mit Draht (siehe Seite 5 unten links). Schneide nach der Vorlage aus dem dunkelblauen Textilfilz die Sohlen aus, klebe sie auf die Füße und schneide diese oval zu. Klebe die Beine in die Füße und das Ende mit dem herausstehenden Draht in den Körper. Biege für die Arme den Draht an einem Ende zu einem Haken um, trage darauf etwas Klebstoff auf, stecke den Draht jeweils durch den Glitzerpompon und ziehe den Haken hinein. Umwickle den Draht ca. 6 cm mit Chenilledraht und lasse noch etwas Draht herausstehen. Klebe die Arme zwischen Kopf und Körper ein. Ziehe zum Schluss einige Minipompons als Halskette auf einen Nähfaden auf.

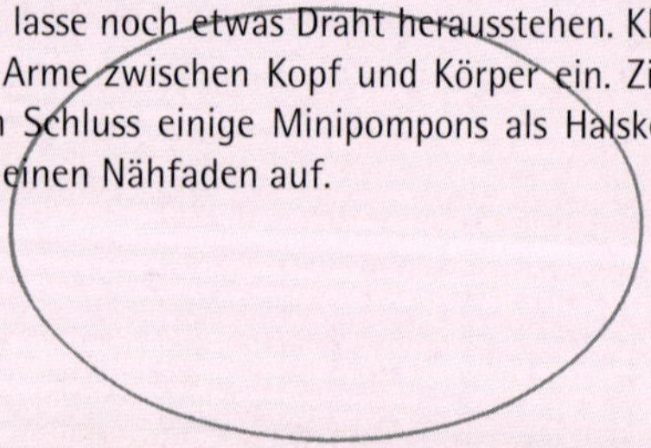

Das brauchst du:

Basketballer

Wolle in Beige, Schwarz, Hellgrün, Gelb, Orange, Blau und Weiß; Chenilledraht in Hellgrün, Rosa und Flieder; Satinband in Orange, 6 mm breit; 2 Knöpfe in Flieder, ø 23 mm; 2 Bastelfilzkreise in Rosa, ø 35 mm; 2 Textilfilzovale in Orange; wasserfester Filzstift in Schwarz; Schablonen: Kopf: ø 5,5 cm; Körper/Ball/Füße: ø 4,5 cm; Hände: ø 3,3 cm

Cheerleaderin

Wolle in Hellgrün, Rosa, Gelb, Türkis, Weiß, Pink, Himbeer und Rotviolett; Glitzergarn in Pink und Violett; Chenilledraht in Rosa, Schwarz und Pink; 2 Textilfilzovale in Dunkelblau; 2 Bastelfilzkreise in Gelb, ø 20 mm; 2 Glasaugen in Blau, ø 14 mm; Minipompons in 3 Farben, ø ca. 7 mm; Draht, ø 1 mm; Schablonen: Kopf/Glitzerpompons: ø 5,5 cm; Körper/Füße: ø 4,5 cm

Vergessliches Häschen

So geht's:

Beachte bitte die Arbeitsanweisungen und den Grundkurs (siehe S. 4–7).

Kopf
Stelle einen Pompon in Hellviolett her.
Schnauze
Stelle einen Pompon in Altrosa her.
Hände
Stelle zwei Pompons in Hellviolett her.
Körper
1. Wickle auf der ersten Hälfte der Schablone zuerst mittig Pink, dann Blauviolett – links und rechts daneben sowie über Pink – , dann nochmals Pink – links und rechts neben Blauviolett sowie darüber – auf.
2. Verfahre auf der zweiten Hälfte ebenso, allerdings mit anderer Reihenfolge: zuerst Blauviolett, dann Pink und wieder Blauviolett.
Füße
1. Stelle zwei halbe Pompons in Hellorange her.

Fertigstellen
1. Schneide nach der Vorlage aus dem fliederfarbenen Filz die Sohlen zu, klebe sie auf die Füße und schneide diese auf die Größe der Sohlen zurück.
2. Nähe die Pompons wie folgt aneinander: die Schnauze auf den Kopf, den Kopf auf den Körper und die Hände und die Füße an den Körper.
3. Klebe die Plastiktiernase (den Stift zuvor mit dem Seitenschneider kürzen) in die Schnauze.
4. Setze als Augen je einen Knopf in Orange und Smaragdgrün aufeinander und nähe sie auf.
5. Schneide für die Ohren nach den Vorlagen den smaragdgrünen und rotvioletten Bastelfilz zu und klebe sie in den Kopf ein.
6. Mache je nach Wunsch in das lange Ohr noch einen Knoten und fixiere diesen mit etwas Draht.

Das brauchst du:

- *Wolle in Hellviolett, Blauviolett, Pink, Altrosa und Hellorange*
- *je 2 Knöpfe in Orange, ø 23 mm und in Smaragdgrün, ø 18 mm*
- *Plastiktiernase, ø 20 mm*
- *evtl. Draht für das Ohr*
- *Bastelfilz in Smaragdgrün und Rotviolett*
- *2 Textilfilzovale in Flieder*
- *Schablonen: Kopf/Füße: ø 5,5 cm; Körper: ø 4,5 cm; Hände/Schnauze: ø 3,3 cm*

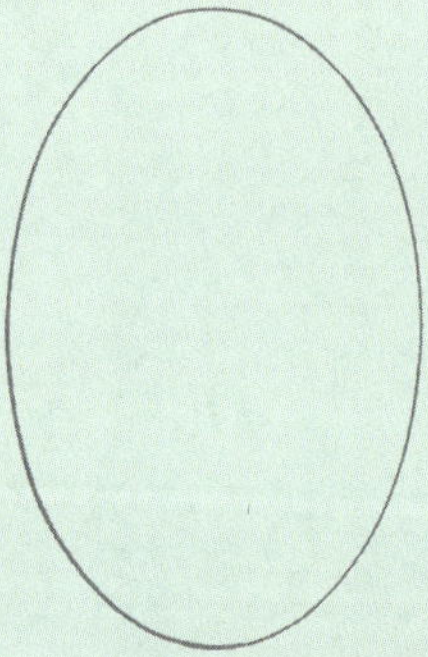

Die Vorlagen auf 141 % vergrößern

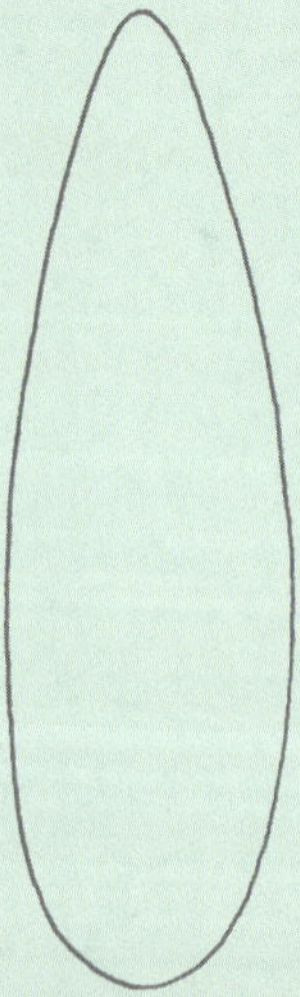

Quaken im Duett

So geht's:

Beachte bitte die Arbeitsanweisungen und den Grundkurs (siehe S. 4–7).

Beide Frösche

Körper

1. Bewickle eine Hälfte der Schablone in Lindgrün bzw. in Azurblau.

2. Bewickle die zweite Hälfte zuerst mittig mit Rot bzw. Rotbraun, dann – jeweils beidseitig daneben sowie darüber – in Weiß bzw. Dottergelb, dann – jeweils daneben sowie darüber – Rot bzw. Rotbraun.

Augen

Bewickle je eine Hälfte der Schablone in Lindgrün, die andere in Babyblau bzw. in Ultramarin- und Mittelblau.

Füße/Hände

Stelle vier Pompons in Lindgrün bzw. zwei Pompons in Azurblau und zwei in Ultramarinblau her.

Fertigstellen

Grüner Frosch

1. Flechte für die Arme aus jeweils neun lindgrünen Fäden zwei Stränge mit je ca. 5,5 cm Länge, binde sie beidseitig mit Zwirn ab und klebe sie in die Hände.

2. Nähe die Augenpompons an den Kopf. Schneide die beiden gelben Bastelfilzkreise mittig ein, stecke die Ösen der Glasaugen durch. Knote einen Zwirn an die Öse und nähe die Augen auf die Augenpompons.

3. Klebe die Arme zwischen Augen- und Körperpompon ein.

4. Nähe die Füße unten an den Körper.

5. Klebe die Minipompons an den Händen und Füßen in den Flor ein.

Blauer Frosch

1. Schneide für Arme und Beine drei Stränge Dekokordel mit 4,5 cm und einen mit 6,5 cm Länge zu. Binde sie beidseitig mit Zwirn ab und klebe sie in Hände und Füße.

2. Nähe die Augenpompons an den Kopf. Knote Zwirn an die Glasaugen und nähe sie auf die Augenpompons.

3. Klebe die Arme zwischen Augen- und Körperpompon ein.

4. Klebe die Beine unten in den Körper.

5. Klebe die Minipompons in den Flor an Händen und Füßen ein.

6. Befestige drei Stück auseinander gedrehte Dekokordeln als Haare im Kopf.

Das brauchst du:

Für beide Modelle

- *Schablonen: Körper: ø 5,5 cm; Augen/Füße: ø 3,3 cm*

Grüner Frosch

- *Wolle in Lindgrün, Rotbraun, Dottergelb und Babyblau*
- *2 Glastieraugen in Grün, ø 14 mm*
- *2 Bastelfilzkreise in Gelb, ø 20 mm*
- *12 Minipompons in Gelb, ø 7 mm*

Blauer Frosch

- *Wolle in Ultramarin-, Azur- und Mittelblau, Rot und Weiß*
- *2 Glastieraugen in Blau, ø 14 mm*
- *12 Minipompons in Hellblau, ø 7 mm*
- *Dekokordel in Blau*

Saustarkes Duo

So geht's:

Beachte bitte die Arbeitsanweisungen und den Grundkurs (siehe S. 4–7).

Kopf/Schnauze
Stelle zwei Pompons in Rosa bzw. einen in Hellblau und einen in Mittelblau her.
Körper
Stelle aus je einer halben Schablone in Pink und in Türkis bzw. in Gelb und Aubergine einen Pompon her.
Hände/Füße
Stelle je zwei halbe Pompons in Altrosa bzw. zwei halbe Pompons in Hellblau und zwei halbe Pompons in Dunkelblau her.

Fertigstellen
1. Schneide die Ohren nach der Vorlage unten links aus dem Bastelfilz zu.
2. Ziehe Wollfäden durch den Nasenknopf, verknote sie rückseitig, knote einen Zwirnfaden an. Nähe den Knopf auf die Schnauze, die Schnauze an den Kopf sowie Kopf und Körper zusammen.
3. Stabilisiere Kopf und Körper mit zusätzlich eingearbeitetem Draht (s. S. 5 unten links).
4. Schneide die Sohlen und Handflächen nach der Vorlage unten rechts aus dem Textilfilz zu, klebe sie auf die Hände bzw. Füße und schneide diese auf die Größe der Ovale zurück.
5. Nähe Füße und Augen auf.
6. Nähe dem blauen Schwein hellgrüne Schnürsenkel auf die Füße.
7. Flechte aus je drei Wollfäden einen Strang und schneide ihn auf Hosenträgerlänge zu. Binde den Strang beidseitig mit Zwirn ab. Bringe die Hosenträger und Knöpfe am rosafarbenen Schwein an.
8. Schneide die verdrehten Chenilledrähte auf 4–4,5 cm zu und klebe sie jeweils in die Hände ein. Klebe die Arme zwischen Kopf und Körper ein.
9. Klebe die Ohren in den Flor ein. Gebe für einen Knick im Ohr ein wenig Klebstoff in den Knick.
10. Wickle die Mohairwolle jeweils ca. 8–10-mal um drei Finger, binde sie mittig ab, schneide die Schlaufen auf. Nähe jeweils die Haarbüschel an.
11. Forme aus Chenilledraht je ein Ringelschwänzchen und klebe es ein.

Das brauchst du:

- *Wolle in Rosa, Pink, Türkis,Hellgrün, Altrosa, Dunkelblau, Mittelblau, Gelb, Aubergine und Hellblau*
- *Mohairwolle in Türkis und Pink*
- *4 Knöpfe, ø je 27 mm: 2 in Dunkelblau, 2 in Schilfgelb*
- *2 Knöpfe, ø je 22 mm: 1 in Lila, 1 in Blau*
- *6 Knöpfe, ø je 15 mm: 2 in Blau, 4 in Orange*
- *Bastelfilz in Pink, Rosa und Violett*
- *6 Textilfilzovale: 4 in Pink, je 2 in Hellblau und Lindgrün*
- *Chenilledraht in Fuchsia, Flieder, Orange und Hellgrün*
- *Schablonen: Kopf: ø 5,5 cm; Schnauze/Hände: ø 3,3 cm; Körper/Füße: ø 4,5 cm*

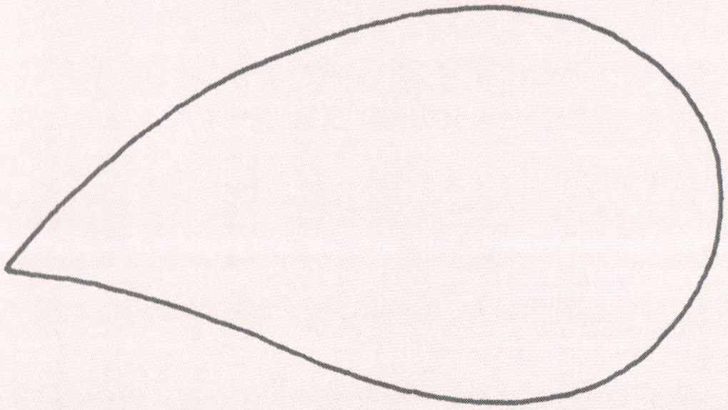

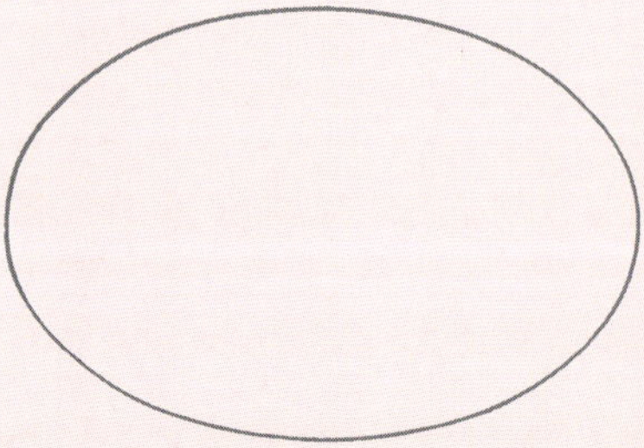

Schräge Vögel

So geht's:

Beachte bitte die Arbeitsanweisungen und den Grundkurs (siehe S. 4–7).

Streifling

Körper

Wickle auf beide Schablonenhälften zuerst mittig auf zwei Drittel der Fläche Türkis bis zu ca. drei Viertel der Füllhöhe auf. Wickle dann – beidseitig daneben sowie über Türkis – Hellgrün auf.

Augen

Stelle zwei Pompons halb in Babyblau und halb in Hellgrün her. Schneide sie etwas stärker zurück.

Füße

Stelle zwei Pompons in Rosa her.

Fertigstellen

Schneide den Schnabel nach der Vorlage aus Textilfilz zu. Klebe ihn von der Spitze bis zu ca. einem Drittel der Schnabellänge zusammen und dann in den Flor des Körpers ein. Flechte aus je drei Wollfäden in je drei Farben zwei Stränge. Binde sie nach je 6–7 cm mit Zwirn ab und schneide sie zu. Klebe sie als Beine in Füße und Körper ein. Klebe je drei Minipompons in die Füße ein. Nähe die Knöpfe auf die Augen und die Augen auf den Körper. Ziehe mit der Stopfnadel rosa Wollfäden als Haare ein.

Star

Körper

Wickle auf der ersten Hälfte der Schablone – mittig auf ca. halber Fläche und in halber Dicke – Mittelblau, dann – beidseitig daneben sowie darüber – Dunkelblau auf. Wickle die zweite Hälfte der Schablone ganz in Dunkelblau auf.

Augen/Füße

Stelle je zwei Pompons in Nachtblau bzw. Gelb her.

Fertigstellen

Schnabel siehe „Streifling". Nähe die Knöpfe als Augen an. Klebe die Sterne mit dem Klebeband darauf. Flechte aus je drei Wollfäden zwei Stränge. Binde 1 x 7 cm und 1 x 9 cm beidseitig mit Zwirn ab und schneide die Stränge zu. Klebe sie als Beine in Füße und Körper. Klebe je drei Minipompons ein. Ziehe acht Minipompons auf einen Faden auf und knote ihn als Fußkette an. Ziehe mithilfe der Nadel Wollfäden als Haare und Schwanz ein.

Liebmatz

Farbvariante vom Star. Schneide nach der Vorlage zusätzlich Flügel aus Bastelfilz zu und klebe sie ein.

Das brauchst du:

Für beide Modelle

- *Schablonen: Körper: ø 5,5 cm; Füße/Augen: ø 3,3 cm*

Streifling

- *Wolle in Hellgrün, Türkis, Babyblau, Rosa, Pink*
- *2 Knöpfe in Pink, ø 18 mm; Textilfilz in Grün*
- *Minipompons in Hellblau, ø 7 mm*

Star

- *Wolle in Dunkelblau, Mittelblau, Türkis, Nachtblau und Gelb*
- *2 Knöpfe in Mintgrün, ø 28 mm*
- *Foliensterne in Blau; Textilfilz in Maisgelb*
- *je 4 Minipompons in Gelb und Rot, ø 7 mm*
- *je 3 Minipomons in Orange und Gelb, ø 10 mm*
- *doppelseitiges Klebeband*

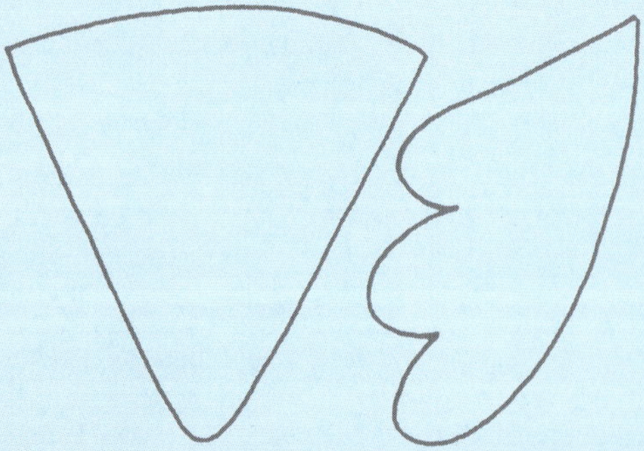

Zauberhaftes Team

So geht's:

Beachte bitte die Arbeitsanweisungen und den Grundkurs (siehe S. 4–7).

Fee

Kopf/Haare

Wickle die erste Hälfte der Schablone in Blau, die zweite Hälfte ca. ein Viertel in Blau, den Rest in Gelbocker auf. Schneide das Gesicht stärker als die Haare zurück, sodass ein Bubikopf entsteht.

Körper

Bewickle die erste Hälfte der Schablone in Türkis auf. Wickle auf der zweiten Hälfte – mittig auf ca. halber Fläche und in halber Dicke – Rostorange, dann – seitlich und über Rostorange – Türkis auf.

Hände/Füße

Stelle je zwei halbe Pompons in Gelbocker bzw. Pink her.

Fertigstellen

Nähe Kopf und Körper zusammen. Klebe die zwei Bastelfilzkreise in Flieder auf die Hände und schneide diese auf die Größe der Handflächen zurück. Schneide nach der Vorlage aus dem Textilfilz die Sohlen zu, klebe sie auf die Füße und schneide diese oval zu. Drehe die beiden Chenilledrähte zusammen, schneide zwei Stücke von 5 cm zu und klebe sie in die Hände. Umwickle für die Beine ca. 8 cm langen Draht im unteren Teil (ca. 4 cm) mit Chenilledraht in beiden Farben. Klebe Draht und Chenilledraht in Körper und Füße ein. Klebe die Arme zwischen Kopf und Körper. Schneide nach der Vorlage die Ohrteile aus dem Bastelfilz zu, klebe sie aufeinander und in den Kopf ein. Schneide die zwei weißen Filzkreise mittig ein, stecke die Glasaugenösen durch, knote Zwirn an und nähe die Augen auf. Klebe als Nase vier kleine Stücke Wolle in den Flor ein und schneide ihn zurecht. Ziehe mit der Stopfnadel lange Haare in den Bubikopf ein und schneide ihn zu. Klebe den zuvor aus dem Fotokarton ausgelochten Stern an das Bastelhölzchen und dieses in die Hand.

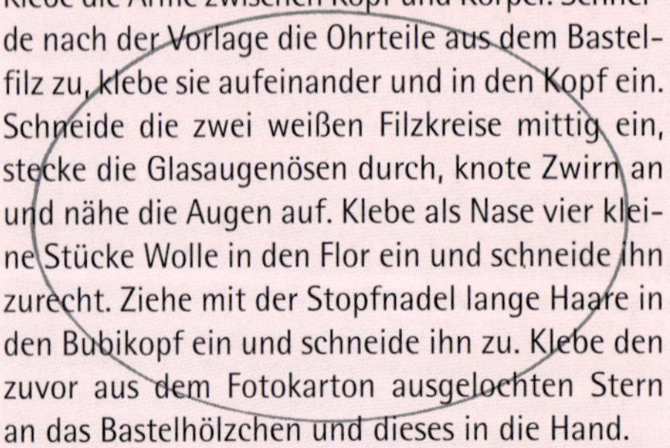

Pferd

Kopf/Schnauze/Hufe

Stelle je einen Pompon in Mittelblau, einen halben in Dunkelblau und je vier halbe in Blauviolett her. Schneide den dunkelblauen Pompon rund zu.

Körper

Wickle auf die erste Hälfte der Schablone mittig zuerst Rosa – auf ca. halber Fläche der Schablone – , dann Mittelblau – beidseitig daneben und über Rosa – auf. Wickle die zweite Hälfte in Mittelblau auf.

Fertigstellen

Nähe die Schnauze auf den Kopf. Klebe als Hufeisen vier Textilfilzkreise auf die Hufe und beschneide sie.

Drehe je zwei Chenilledrähte zusammen, wickle dabei einen dünnen Draht mit ein. Schneide für Beine und Hals fünfmal 4,5 cm zu. Klebe den Hals in Kopf und Körper ein. Stecke zusätzlich den Draht durch den Körper – parallel zum Hals – in den Kopf. Umwickle den Draht und den Hals nochmals mit den Chenilledrähten. Klebe die Beine in die Hufe und in den Körper ein. Schneide nach der Vorlage aus dem Bastelfilz die Ohren zu und klebe sie in den Kopf ein. Nähe die Knöpfe als Augen auf. Wickle für den Schwanz zehn Schlaufen um vier gespreizte Finger auf und schneide sie auf. Drehe zwei Stücke Chenilledraht zusammen, lege die Fäden mittig ein und drehe die Chenilledrähte fest zusammen, schneide den Rest ab. Klebe den Schwanz in den Körper ein. Schneide für den Pony ca. zehn 8 cm lange Fäden zu, lege diese mittig zusammen und klebe sie in den Kopf ein. Wickle für die Mähne wie beim Schwanz 10–12 Schlaufen, schneide sie auf und klebe die Fäden mittig in den Kopf ein.

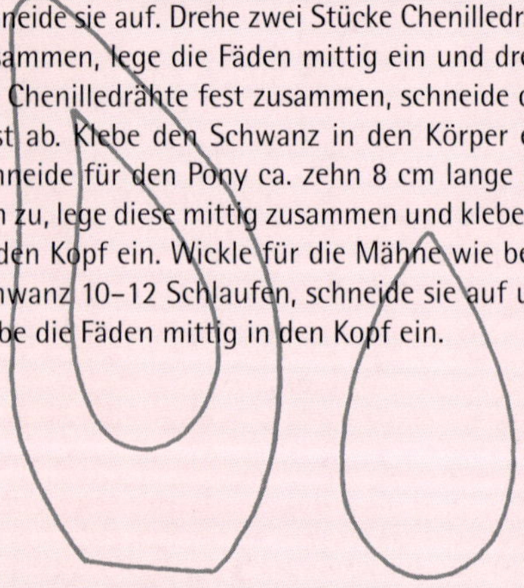

Das brauchst du:

Fee

Wolle in Blau, Gelbocker, Türkis, Rostorange und Pink; Chenilledraht in Gelb, Hellorange; Draht, ø 1 mm; je 2 Bastelfilzkreise in Rosa, ø 35 mm, in Weiß, ø 20 mm; Bastelfilz in Maisgelb, Rosa; 2 Textilfilzovale in Flieder; 2 Glasaugen in Blau, ø 14 mm; Fotokarton in Gelb; Bastelhölzchen in Grün; Motivlocher „Stern"; Schablonen: Kopf: ø 9 cm; Körper/Füße: ø 4,5 cm; Hände: ø 3,3 cm

Pferd

Wolle in Mittel-, Dunkel- und Nachtblau, Rosa und Blauviolett; Chenilledraht in Mittelblau und Türkis; 2 Knöpfe in Weiß, ø 20 mm; 4 Textilfilzkreise in Schwarz, ø 35 mm; Bastelfilz in Dunkelblau; Draht, ø 1 mm; Schablonen: Kopf/Körper: ø 4,5 cm; Schnauze/Hufe: ø 3,3 cm

Cooler Kerl

So geht's:

Beachte bitte die Arbeitsanweisungen und den Grundkurs (siehe S. 4–7).

Kopf
Stelle einen Pompon in Gelb her.

Körper
1. Wickle auf der ersten Hälfte der Schablone – zuerst mittig auf halber Fläche und in halber Dicke – Hellgrün, dann – links und rechts sowie über Grün – Orange auf.
2. Wickle nun die zweite Hälfte der Schablone in Orange auf.

Pfoten
Stelle vier Pompons jeweils halb in Babyrosa und halb in Orange her.

Fertigstellen
1. Nähe die Pompons zusammen.
2. Nähe die Knöpfe auf die pinkfarbenen Filzkreise.
3. Nähe oder klebe die Augen auf.
4. Schneide nach der Vorlage rechts die Ohren aus dem Textilfilz in den zwei Grüntönen zu und klebe sie in den Kopf ein.
5. Schneide aus dem Textilfilz in Flieder ein kleines Dreieck als Nase aus und klebe es auf.
6. Knipse mit der Lochzange ein kleines Loch in eines der Ohren und bringe einen Ohrring an.

Das brauchst du:

- *Kunstfaserwolle (Poly Acryl) in Gelb, Hellgrün, Orange und Babyrosa*
- *Textilfilz in Lindgrün, Hellgrün und Flieder*
- *2 Textilfilzkreise in Pink, ø 35 mm*
- *2 Knöpfe in Dunkelblau, ø 22 mm*
- *Ohrring*
- *Lochzange*
- *Schablonen: Kopf: ø 9 cm; Körper: ø 4,5 cm; Pfoten: ø 3,3 cm*

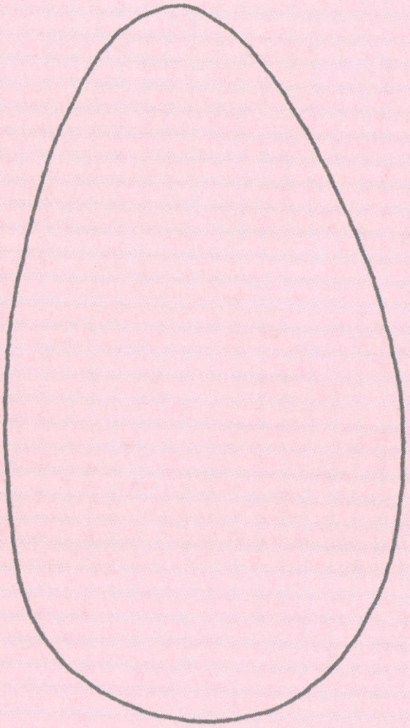

Chihuahua mit Welpen

So geht's:

Beachte bitte die Arbeitsanweisungen und den Grundkurs (siehe S. 4–7).

Kopf/Körper

1. Wickle die erste Hälfte der Schablone mit zwei Fäden in Weiß und Babyrosa auf.

2. Wickle an einer Stelle einen großen rosafarbenen Fleck auf, wickle mit den zwei Fäden weiter auf (auch über Rosa).

3. Verfahre mit der zweiten Hälfte der Schablone ebenso – hier allerdings nur einen kleinen rosafarbenen Fleck mit einwickeln.

Pfoten

Bewickle die erste Hälfte der Schablone gleichzeitig in Babyrosa und Weiß, die zweite in Babyblau.

Augen

Stelle zwei halbe Pompons in Weiß her.

Köpfe der Welpen

Stelle zwei Pompons in Babyrosa und einen Pompon in Altrosa her.

Nestchen

1. Bewickle die Schablone locker mit drei Fäden in Hellgrün, Smaragdgrün und Türkis, allerdings nicht prall füllen. Stelle so einen halben Pompon her.

2. Beschneide ihn nicht, sondern zupfe die Fäden unregelmäßig heraus.

Fertigstellen

1. Klebe das Nestchen auf den großen Filzkreis.

2. Nähe die einzelnen Pomponteile des Chihuahua zusammen.

3. Schneide die beiden hellgrünen Filzkreise mittig ein, stecke die Ösen der Glasaugen durch. Knote einen Zwirn an die Öse und nähe die Augen auf.

4. Klebe die Plastiktiernase ein.

5. Schneide nach der Vorlage die Ohren aus Plüsch, das Ohrinnere aus Bastelfilz zu. Klebe die Ohren und Filzteile deckungsgleich aufeinander.

6. Klebe für die Welpen die Minipompons als Nasen auf. Nähe die Glasperlen als Augen auf. Klebe die Ohren in den Flor ein, knicke sie nach Wunsch und gib etwas Kleber in die Knickstelle.

7. Stabilisiere Körper und Kopf zusätzlich durch festen Draht (s. S. 5 unten links).

8. Nähe die Köpfe der Welpen auf das Nest.

Das brauchst du:

- *Wolle in Rosa, Babyrosa, Altrosa, Weiß, Babyblau, Hellgrün, Smaragdgrün und Türkis*
- *Plüsch in Pink*
- *1 Textilfilzkreis in Grün, ø 11 cm*
- *2 Bastelfilzkreise in Hellgrün, ø 20 mm*
- *Bastelfilz in Rosa und Flieder*
- *6 Glasperlen in Schwarz, ø 3,5 mm*
- *3 Minipompons in Rot, ø 7 mm*
- *2 Glastieraugen in Blau, ø 14 mm*
- *1 Plastiktiernase, ø 15 mm*
- *Draht, ø 1mm, ca. 25 cm lang*
- *Schablonen: Kopf: ø 9 cm; Körper: ø 4,5 cm; Pfoten/Augen/Welpenköpfe: ø 3,3 cm*

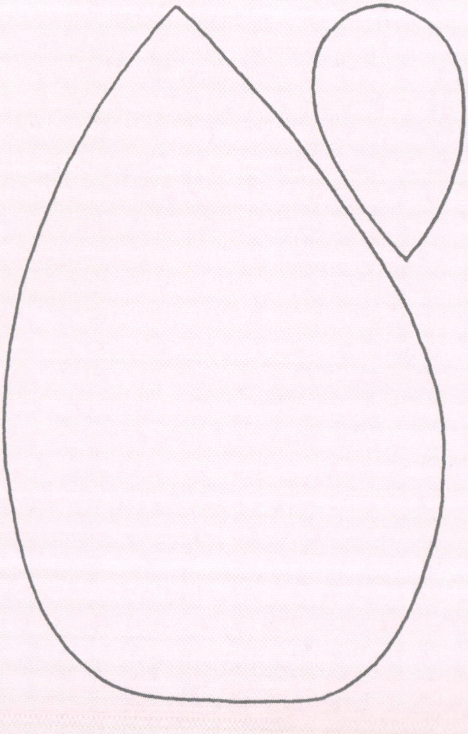

Grüner Alien

So geht's:

Beachte bitte die Arbeitsanweisungen und den Grundkurs (siehe S. 4–7).

Kopf
Stelle einen Pompon in Smaragdgrün her.

Schnauze
1. Wickle den größten halben Pompon mit drei Fäden (zwei in Smaragdgrün, einen in Lindgrün) auf und schneide ihn stark zurück.
2. Wickle den mittleren halben Pompon mit zwei Fäden (je einen in Smaragdgrün und Lindgrün) auf und schneide ihn stark zurück.
3. Wickle nun den kleinsten halben Pompon mit drei Fäden (zwei in Lindgrün, einen in Smaragdgrün) auf.

Körper
1. Wickle zuerst auf halber Schablone – mittig auf ca. halber Fläche und drei Viertel der Dicke – in Gelb, dann – beidseitig daneben sowie über Gelb – in Smaragdgrün auf. Bewickle die zweite Hälfte in Smaragdgrün.

Hände/Füße
Stelle vier Pompons in Lindgrün her.

Augen
Stelle zwei halbe Pompons in Türkisblau her.

Fertigstellen
1. Nähe die Schnauze zusammen, nähe sie an den Kopf und diesen auf den Körper.
2. Lege für Arme und Beine den Zwirn doppelt und verknote ihn. Ziehe zuerst jeweils ein lindgrünes Pompon auf, fädle dann je drei grüne Fertigpompons für Arme und Beine auf. Nähe die Arme zwischen Kopf und Körper und die Beine unten an den Körper.
3. Nähe die Augenpompons auf, dann befestige darauf die Knöpfe. Nähe den Nasenknopf an.
4. Klebe je drei Minipompons in Hellgrün in Hände und Füße ein.
5. Bringe die restlichen Minipompons auf den Kopf in den Flor auf.

Das brauchst du:

- *Wolle in Smaragdgrün, Lindgrün, Gelb und Türkisblau*
- *1 Knopf in Orange, ø 31 mm*
- *2 Knöpfe in Dunkelgelb, ø 22 mm*
- *2 Knöpfe in Magenta, ø 15 mm*
- *23 Minipompons in Hellgrün, ø 7 mm*
- *4 Pompons in Grün, ø 10 mm*
- *12 Pompons in Grün, ø 20 mm*
- *Schablonen: Kopf: ø 5,5 cm; Schnauze: ø 3,3, 4,5 und 5,5 cm; Körper: ø 4,5 cm; Augen/Hände/Füße: ø 3,3 cm*

Kunterbunte Fische

So geht's:

Beachte bitte die Arbeitsanweisungen und den Grundkurs (siehe S. 4–7).

Gestreifter Fisch

Körper

Wickle auf beide Hälften der Schablone zuerst mittig Hellblau, dann – beidseitig daneben sowie über Hellblau – Weiß, dann – beidseitig neben Weiß sowie darüber – Blauviolett auf.

Fertigstellen

1. Schneide die Bastelfilzkreise mittig ein, stecke die Ösen der Glasaugen durch, knote den Zwirn an und nähe die Augen auf.

2. Schneide für die Flossen Wollfäden in Türkis und Gelb zu: Brustflossen: je fünf Fäden à 6 cm, Rückenflosse: je fünf Fäden à 8 cm, Schwanzflosse: je fünf Fäden à 12 cm. Binde die Fäden mit Zwirn mittig ab und nähe die Flossen fest.

3. Klebe den roten Pompon als Nase auf.

Gepunkteter Fisch

Körper

1. Führe auf der ersten Hälfte der Schablone an drei Stellen je sechs Wicklungen in Gelb durch, wickle dann auf der gesamten Fläche (auch über Gelb) ca. zwei Lagen Rot auf.

2. Führe zwischen den ersten drei Punkten zwölf Wicklungen in Gelb durch (zwei Punkte).

3. Wickle auf der gesamten Fläche (auch über Gelb) ca. zwei Lagen Rot auf.

4. Wickle drei Punkte in Gelb auf – zwölf Wicklungen –, dann wieder Rot.

5. Bewickle die zweite Hälfte der Schablone in Dunkelrot.

Nase

Stelle einen halben Pompon in Rosa her.

Fertigstellen

1. Nähe Nase und Körper zusammen.

2. Klebe die schwarzen Minipompons als Pupillen auf die weißen Fertigpompons, den fliederfarbenen als Nase auf.

3. Schneide nach den Vorlagen die Flossen aus dem Bastelfilz zu und klebe sie in den Flor ein.

Das brauchst du:

Gestreifter Fisch

- *Wolle in Hellblau, Weiß, Blauviolett, Türkis und Gelb*
- *2 Bastelfilzkreise in Türkis, ø 25 mm*
- *2 Glastieraugen in Braun, ø 20 mm*
- *1 Pompon in Rot, ø 15 mm*
- *Schablone: ø 9 cm*

Gepunkteter Fisch

- *Wolle in Rot, Gelb, Dunkelrot und Rosa*
- *2 Pompons in Weiß, ø 20 mm*
- *1 Pompon in Flieder, ø 10 mm*
- *2 Minipompons in Schwarz, ø 7 mm*
- *Bastelfilz in Rosa*
- *Schablonen: Körper: ø 5,5 cm; Kopf: ø 3,3 cm*

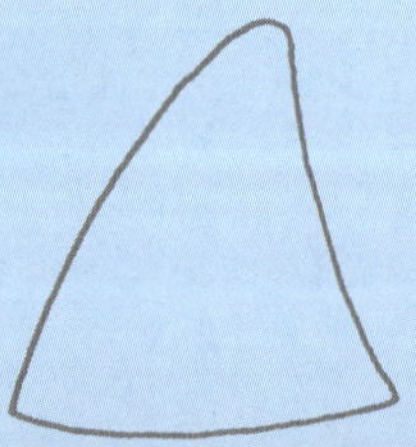

Gefährliche Raubtiere

So geht's:

Beachte bitte die Arbeitsanweisungen und den Grundkurs (siehe S. 4–7).

Tiger

Kopf

Wickle auf der ersten Hälfte der Schablone nebeneinander Braun und Gelb im Wechsel auf. Wickle auf der zweiten Hälfte ca. ein Viertel der Fläche in Gelb, den Rest in Weiß auf.

Körper

Wickle auf der ersten Hälfte der Schablone zuerst mittig ca. ein Drittel der Fläche und Dicke Weiß, dann Braun und Gelb im Wechsel – neben und über Weiß – auf. Wickle auf der zweiten Hälfte Gelb und Braun im Wechsel auf.

Vorderpfoten

Wickle jeweils auf der ersten Hälfte Braun und Gelb im Wechsel, auf der zweiten Hälfte Rosa auf.

Hinterpfoten

Wickle auf je einer halben Schablone Braun und Gelb im Wechsel auf.

Fertigstellen

Schneide nach der Vorlage aus dem Textilfilz die Sohlen aus, klebe sie unter die Füße und schneide diese oval zu. Nähe Kopf, Körper, Vorder- und Hinterpfoten zusammen. Klebe die Fertigpompons als Bäckchen und Nase auf. Schneide die Bastelfilzkreise mittig ein, stecke den Stift der Katzenaugen durch, knote den Zwirn an und nähe die Augen auf. Schneide nach der Vorlage die Ohrteile aus Bastelfilz zu, klebe sie aufeinander und in den Flor am Kopf. Ziehe Wolle in die Stopfnadel und den doppelten Faden durch den Pompon. Lasse die Enden als Backenbart herausstehen und schneide ihn zu. Drehe die Chenilledrähte zusammen und klebe sie als Schwanz ein.

Löwe

Kopf

Wickle auf halber Schablone Rot, auf der zweiten Hälfte ca. ein Drittel Rot und den Rest in Gelb auf.

Körper

Wickle auf halber Schablone zuerst mittig ca. die halbe Fläche und Dicke Zitronengelb, dann – daneben sowie darüber – Rot auf. Bewickle den zweiten Teil der Schablone in Rot.

Pfoten

Stelle vier halbe Pompons in Dunkelrot her.

Fertigstellen

Nähe Kopf und Körper zusammen und stabilisiere sie zusätzlich mit Draht (s. S. 5). Klebe die vier Textilfilzkreise als Sohlen unter die Füße und schneide diese auf die Größe der Sohlen zu. Drehe die Chenilledrähte zusammen und schneide vier Beine à 3,5 cm sowie den Schwanz (ca. 20 cm) zu. Klebe die Beine in die Füße und diese in den Körper. Klebe die Fertigpompons als Bäckchen und Nase in den Flor ein. Schneide die Filzkreise in Türkis mittig ein. Stecke den Stift der Augen durch, knote einen Zwirn in der Öse an und nähe die Augen auf. Ziehe mit der Stopfnadel Wollfäden als Mähne durch den Kopf.
Wickle ein paar Wollfäden um vier Finger. Drehe sie mittig mit dem Ende des Chenilledrahtes fest zusammen. Binde mit einem Faden die Schwanzquaste ab. Schneide die Schlaufen auf und klebe den Schwanz ein.

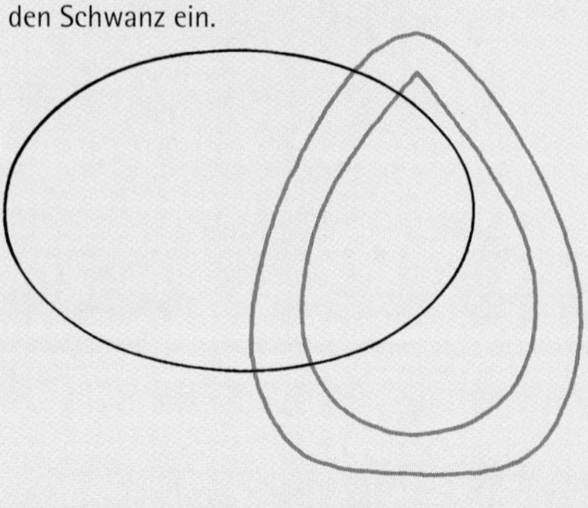

Das brauchst du:

Tiger
Wolle in Dottergelb, Braun, Weiß und Rosa; 2 Pompons in Weiß, ø 15 mm; 1 Pompon in Schwarz, ø 10 mm; 2 Katzenaugen, ø 16 mm; Bastelfilz in Dottergelb und Weiß; 2 Bastelfilzkreise in Zitronengelb, ø 25 mm; Chenilledraht in Dottergelb und Braun; Textilfilz in Flieder; Schablonen: Kopf: ø 5,5 cm; Körper/Füße: ø 4,5 cm; Pfoten: ø 3,3 cm

Löwe
Wolle in Hellrot, Gelb, Zitronengelb, Dunkelrot, Rosa, Türkis, Smaragdgrün, Rot und Orange; 2 Pompons in Gelb, ø 15 mm; 1 Pompon in Schwarz, ø 10 mm; 2 Bastelfilzkreise in Türkis, ø 25 mm; 2 Katzenaugen, ø 16 mm; 4 Textilfilzkreise in Flieder, ø 35 mm; Chenilledraht in Flieder und Fuchsia; Draht, ø 1 mm; Schablonen: Kopf: ø 5,5 cm; Körper: ø 4,5 cm; Pfoten: ø 3,3 cm

Süßer Waschbär

So geht's:

Beachte bitte die Arbeitsanweisungen und den Grundkurs (siehe S. 4–7).

Kopf

1. Wickle auf der ersten Hälfte der Schablone an einer Seite zuerst 2,5 cm in Schwarz (vom äußeren Bogen aus gemessen), dann 2 cm in Weiß auf.
2. Wickle auf der verbliebenen Fläche zuerst ca. vier Lagen in Dunkelgrau, dann in gleicher Stärke in Hellgrau und in Dunkelgrau auf.
3. Wickle nun mit Hell- und Dunkelgrau (zwei Fäden) auf. Damit Schwarz und Weiß nicht wegrutschen, den Rest der Fläche mit aufwickeln und somit diesen Abschnitt stützen.
4. Wickle auf der zweiten Hälfte der Schablone auf zwei Drittel der Fläche Weiß und auf einem Drittel der Fläche Hell- und Dunkelgrau (2 Fäden) auf. Vergewissere dich vor dem Aufwickeln der zweiten Hälfte durch Aneinanderhalten der Schablonenteile, ob die Farben auch an der richtigen Position aufgewickelt wurden: Weiß der zweiten Hälfte neben Schwarz der ersten Hälfte.

Schnauze

Stelle einen Pompon in Weiß her.

Körper

1. Wickle auf der ersten Hälfte zuerst mittig und in halber Stärke Hellgrau, dann – beidseitig daneben sowie über Hellgrau – in Dunkelgrau auf.
2. Wickle die zweite Hälfte in Dunkelgrau auf.

Schwanz

Stelle einen halben Pompon in Schwarz und je zwei ganze in Hellgrau und Schwarz her. Für die letzteren die Schablone nur zu ca. drei Viertel der Dicke bewickeln.

Pfötchen

Stelle vier Pompons, jeweils halb in Altrosa, halb in Dunkelgrau, her.

Fertigstellen

1. Schneide nach der Vorlage die Ohrteile aus dem Bastelfilz zu, klebe sie aufeinander und in den Kopf.
2. Befestige den schwarzen Pompon auf der Schnauze und die Schnauze auf dem Kopf. Nähe Kopf und Körper zusammen.
3. Schneide die zwei Bastelfilzkreise mittig ein, stecke die Öse durch den Einschnitt, knote den Zwirn an. Nähe die Augen auf.
4. Nähe die Schwanzteile zusammen und Pfötchen und Schwanz an.

Das brauchst du:

- *Wolle in Dunkel- und Hellgrau, Weiß, Schwarz und Altrosa*
- *2 Bastelfilzkreise in Dunkelgrau, ø 25 mm*
- *Bastelfilz in Dunkel- und Hellgrau*
- *2 Glasaugen in Braun, ø 20 mm*
- *1 Pompon in Schwarz, ø 15 mm*
- *Schablonen: Kopf: ø 9 cm; Körper: ø 5,5 cm; Schwanz: ø 4,5 cm; Schnauze/Pfoten: ø 3,3 cm*

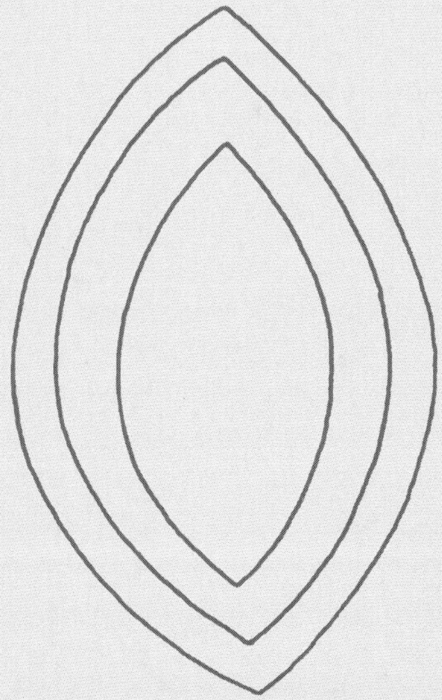

Impressum

Entwürfe und Realisation: Werner Schultze
Redaktion: Petra Hassler
Lektorat: Uta Koßmagk
Fotos: Oswald Visuelle Medien, Schwörstadt, Werner Schultze (Steppfotos Seiten 6/7)
Umschlaggestaltung, Layout und Produktion: buchkonzept@web.de
Druck und Verarbeitung: Himmer AG, Augsburg

ISBN 978-3-86673-077-9
Art.-Nr. 2077

3. Auflage 2008

Autor und Verlag haben alle Angaben und Anleitungen mit größtmöglicher Sorgfalt zusammengestellt. Dennoch kann bei Fehlern keinerlei Haftung für direkte oder indirekte Folgen übernommen werden.